Eine Krebszelle kommt selten allein...

Mein Frauchen – der Brustkrebs und ihr guter Glaube

von Steffie Stein-Weykopf

Eine Krebszelle kommt selten allein...

Mein Frauchen – der Brustkrebs und ihr guter Glaube

von Steffie Stein-Weykopf

Bibliografische Information der Deutschen Nationalbibliothek: Die Deutsche Nationalbibliothek verzeichnet diese Publikation in der Deutschen Nationalbibliografie; detaillierte bibliografische Daten sind im Internet über dnb.dnb.de abrufbar.

Herstellung und Verlag:
BoD – Books on Demand, Norderstedt

ISBN: 9783751900461

Inhaltsverzeichnis

Eine Krebszelle kommt selten allein...

Mein Frauchen – der Brustkrebs und ihr guter Glaube

von Steffie Stein-Weykopf

Vorgeschichte

Hallo!

Ich bin Steffie, aktuell 48 Jahre und 10 Monate alt, Mutter von zwei Jungen, eine freudige Hundebesitzerin und führe ein glückliches Leben, weil ich so viele wunderbare Menschen an meiner Seite habe.

Es ist selbstverständlich für mich,1-2 mal jährlich zur Krebsvorsorge zu gehen.

Auch der Zahnarzt möge bitte einmal jährlich auf mein Esszimmer blicken und mir für das vorbildlich geführte Bonusheft einen Stempel geben!

Ja, so bin ich...wehret den Anfängen! Vertrauen ist gut, Kontrolle besser...!
Arroganterweise habe ich mich öfters gefragt, ob die Vorsorge überhaupt Sinn macht, denn eigentlich bin ich kein Krebskandidat!

Schlaganfall, Herzinfarkt, Diabetes, von mir aus...
Meinen inneren Schweinehund hatte ich bei Schokolade, Kuchen, Süßspeisen (reduzieren wir das Ganze mal auf das Wort -Zuckerkonsum-), überhaupt nicht im Griff. Trotzdem ergab meine Süßleidenschaft kein nennenswertes Übergewicht, obwohl ich an meinem Äußeren ständig etwas auszusetzen hatte!

Bewegung? - Gerne!
Yoga? - Super gerne!
Ausdauersport, schwitzen? Och nö-danke...!
Zudem war Ausdauersport mit einem E Körbchen extrem störend...
Die Bio-Öko-Glimmstengel ohne Zusatzstoffe schmeckten mindestens 265 Tage im Jahr. Die übrigen 100 Tage versuchte ich aufzuhören!
Rauchen ja, aber niemals im Haus.

Ansonsten ernährte ich mich überwiegend vegetarisch und das natürlich Bio!
Meine Kinder, (selbstverständlich habe ich während den Schwangerschaften und Stillzeiten meine geliebten Kippchen weggelassen), bekamen nach der Geburt die gute Muttermilch, allerdings empfand

9

ich das Stillen zusätzlich zu einer natürlichen Geburt als absolute Höchststrafe!
Aber zum Wohle des Nachwuchses nahm man als gute Mutter das alles auf sich, zur Not mit Unterstützung einer Milchpumpe.

Hormoneinnahme?
Auf gar keinen Fall, so etwas kam mir nicht in den Körper.
Dann lieber das Umfeld monatlich auf die hormonelle Pissigkeit (PMS) vorbereiten und mit Schokolade und Chips im Wechsel, 7 Tage lang fast verbluten!
Bloß keine Chemie in den Körper lassen! Eine familiäre Disposition lag auch nicht vor.
In meiner Familie wurden alle Mitglieder relativ fit steinalt ...

Tja und dann Ende August bei meinem jährlichen Hausarztjahrescheck, wurde meine Selbstsicherheit auf die Probe gestellt!

„Unklare Rundherde in der Leber - MRT Kontrolle!"
So stand es auf der Überweisung meiner Hausärztin. Mit diesem Verdacht schlug ich 3 Wochen später am 20.9.2016, in der Radiologischen Praxis zum MRT auf.
Unendlich lange dauerte diese Prozedur – es waren mindestens 35 Minuten!!!
Gefühlt die Längsten meines Lebens! Aber was sollte schon Großartiges dabei rauskommen? Ich fühlte mich super und topfit! Nach der Aufnahme

nahm ich im Wartezimmer Platz, bis mich eine nette Ärztin zur Besprechung aufrief.
Sie stellte sich vor und fragte mich, ob mir die linke Brust Probleme bereiten würde, was ich verneinte. Zudem war meine letzte Krebsvorsorge erst vier Monate her, die ohne Befund vonstatten ging.

Zwar hatte ich kurz vor dem Vorsorgetermin eine Verhärtung an meiner linken Brustwarze gefühlt, was ich der Gynäkologin auch mitteilte. Doch sie untersuchte mich nach ihren Methoden und schickte mich mit einem guten Gewissen nach Hause. Mit 45 Jahren könnten hormonelle Veränderungen ja schon mal dazu führen. OK, ich war halt nicht mehr die Jüngste...

Die Radiologin war anderer Meinung und sagte ganz ernst: „Es tut mir leid, aber es sieht nach einem Mammakarzinom aus und die Rundherde in ihrer Leber scheinen bereits Metastasen zu sein" … ZUFÄLLIG wurde bei dem Scan die linke Brust mit aufgenommen!

Ich fiel aus allen Wolken und verneinte ihre Diagnose, denn ich war doch gerade erst bei der Krebsvorsorge! Das musste eine Verwechslung des Filmmaterials sein!
Die freundliche Fachärztin bat mich, mir schnellstmöglich einen Termin zur Mammographie und zum Ultraschall geben zu lassen!
Dazu hatte ich aber weder Zeit noch Lust, denn ich wollte 14 Tage später heiraten und in die

11

Flitterwochen. Und überhaupt hatte ich jetzt gar keinen Nerv auf falsche Diagnosen, diverse Untersuchungen, volle Wartezimmer, oder Ähnliches!

Ich vermute, sie opferte ihre Mittagspause, um mit mir eine Mammographie-Aufnahme und einen Ultraschall durchzuführen.

Man konnte auf beiden Bildgebungen allerdings nicht so wirklich etwas erkennen.

„Ha - siehste, ich sag's doch! Das alles muss ein Irrtum sein!"

Ich bekam eine Überweisung und sollte bei meiner Gynäkologin wieder vorstellig werden, was ich am gleichen Tag noch tat!

Trotzdem war mein Leben von einem zum anderen Moment durch den Krebsverdacht nicht mehr das Gleiche.

Alles erschien um mich herum so unwirklich wie durch einen Schleier.

Ich stand unter Schock...

Wenige Tage später hatte ich schon einen Termin im Brustzentrum der Uniklinik, wo diverse Untersuchungen, Biopsien und ein PET CT durchgeführt wurden, um überhaupt erst einmal Klarheit zu bekommen!

Daraufhin folgte der nächste Schock!

Ein 10 × 12 × 6 cm großer Tumor in meiner linken Brust (ja diese Ausmaße bei einem E Körbchen), diffuse Knochenmetastasen von der Halswirbelsäule bis in die Lendenwirbelsäule und im Becken, Lebermetastasen, pathologisch vergrößerte Lymphknoten im Mammaria Stromgebiet und am Truncus Coeliacus (was auch immer das ist). Die Diagnose lautete: *Metastasiertes Mammakarzinom mit Metastasen in Lymphe, Leber und Knochen!*

„Na super! Das Leben schien zu Ende zu sein!"
Ob ich Weihnachten noch da war?
Das Schlimmste war die Vorstellung, es meiner Familie und den Kindern sagen zu müssen!

Ich begab mich in die Hände von klinischen Onkologen und erhielt eine 18-wöchige Chemotherapie mit Kühlhaube, die mich vor dem Haarverlust rettete. So sah man mir zumindest meine Erkrankung und die Therapiefolgen nicht an!
Die Chemotherapie steckte ich gut weg.
Klar, am Tag der Chemogabe war ich geschafft, versuchte mich aber trotzdem nach der Bettruhe ausgiebig zu bewegen.
Bewegung schien für mich existenziell zu werden.
Nach Beendigung der 18 Wochen Chemotherapie folgte eine neue Bildgebung der Brust und der Leber per MRT und CT, denn andere Diagnoseverfahren kamen nicht infrage, da durch sie nichts erkennbar war.

„Jippijey! Die Lebermetastasen waren rückläufig! Es gab eine Remission!"

Das klang super, denn sie waren auf knapp 0,8 cm zusammengeschrumpft!

Dafür schien sich der Brust Tumor deutlich ausgebreitet zu haben!

Wie geht das denn? Verstehe einer den Krebs! Kurz und gut: Ablatio, bzw. Amputation! (Ich hasse dieses Wort).

Die andere Brust sollte auf meinen Wunsch gleich mit entfernt werden, um einen Schiefstand bei dem Mopsgewicht von fast 1100g pro Seite und der Größe zu vermeiden!

So war ich im Frühjahr 2017 dann auf einen Schlag innerhalb weniger Stunden knapp zweieinhalb Kilo leichter, ohne eine Diät gemacht zu haben (ist doch auch was)! Tja und dann kam der Hammer!

Das abgenommene Brustgewebe wurde untersucht und die Pathologie stellte fest, dass es dem Krebs in meiner linken Brust gar nicht gut ging! Rein theoretisch hätte ich mir diese ganze Totaloperation sparen können!

Aber was ab ist, ist ab.

Natürlich habe ich kurzfristig wieder über Ausdauersport nachgedacht (die Störenfriede in Körbchengrösse E waren ja nun weg), aber mein Schweinehund war nach wie vor damit gar nicht einverstanden!

Das positive Denken brachte mich dazu, diese kuriose Situation schnell abzuhaken, denn aufrecht stehend an mir herunterschauend, meine Füße sehen zu können, ohne mich vorbeugen zu müssen, war eine neue Erfahrung.

Außerdem hatte ich jetzt ein unschlagbares Argument, mir neue Kleidung kaufen zu MÜSSEN! (Hatte ich erwähnt, dass Shoppen zu meinen Leidenschaften gehörte?).
Die alte Konfektionsgröße 46 für Oberbekleidung änderte sich schlagartig auf die Größe 40/42. Wow, war ich sportlich schlank!

Nach Wundheilung und anschließender Bestrahlung erfolgte eine Reha, aus der ich mir einen Hundewelpen mitbrachte!
Mein Therapiehund, mein Traum, jemand der gerne mit mir spazieren gehen würde... „WILMA!"
Meine Freundin gab mir Rückendeckung, sollte mich mein neues, vierbeiniges Familienmitglied überleben, bekäme der Hund bei ihr ein neues Zuhause (ein großes Geschenk von ihr an mich!).

Wilma und ich hatten ´ne Menge Spaß, jedoch konnte man an ihrer Erziehung wirklich verzweifeln! Sie erschien mir beim vorherigen Besitzer so ruhig und friedlich, was meine Entscheidungsfindung für sie leicht machte.
Was ich allerdings bekam, war ein ADHS Mops-Mix, der außer toben, fressen und spielen einfach nicht zur Ruhe kommen wollte! Wilma war allen Lebewesen wohlgesonnen. Selbst beim Katzen jagen blieb sie schwanzwedelnd vor ihrem Gegner stehen, freute sich wie Bolle und forderte zum Spiel auf. Wir besuchten zusammen Hundeschulkurse und hatten Einzeltraining.

Heute ist Wilma fast 3 Jahre alt, sehr lebendig aber schon wesentlich disziplinierter... Auch das Beziehen meiner Wohnzimmermöbel mit blauen Müllsäcken (die Farbe passt so gar nicht in meine Farbgestaltung), trug nach sechs Wochen endlich Früchte. Der Hund schlief auch nicht mehr heimlich auf dem Sofa.
Unsere gemeinsamen Ausflüge in die Natur waren etwas Kraftgebendes!

Bewegung war neben der medizinischen Therapie weiterhin das Wichtigste, weil ich anhand der zurückgelegten Kilometer meine Leistungsfähigkeit unter Kontrolle hatte. Auf der Suche zur weiteren Selbsthilfe ... fand ich Gott - oder fand er mich?
Ich komme zwar aus einer christlichen Familie, besuchte den Kindergottesdienst, war konfirmiert, aber irgendwie schien das alles mittlerweile so weit weg zu sein!
Ich begegnete einem Menschen, (ich nenne sie meine Glaubensschwester), die einige Schicksalsschläge einstecken musste und dabei trotzdem ausgeglichen und immer frohen Mutes war!
Ich war von ihr beeindruckt. Durch sie und das Leben in ihrer Gemeinde, erkannte ich einen Unterschied: Sie hatten alle Jesus im Herzen. Sie vertrauten auf Gott, lebten mit ihm im Alltag und nicht nur von 10 -11 Uhr am Sonntag in der Kirche!
Zu Beginn war ich kritisch, hinterfragte alles. Um mehr Verständnis zu erlangen, fing ich an die Bibel zu lesen. Ich besuchte Bibelabende und eine freie

Gemeinde und Bibel TV wurde mein Lieblingssender!

Wie heißt es im Evangelium: „Bittet und ihr werdet erhalten. Sucht und ihr werdet finden. Klopft an und die Tür wird euch geöffnet werden". (siehe MT 7,7) Im Lauf der Jahre entwickelte ich zu Gott/Jesus eine ganz intensive Beziehung... Nun verstand ich, ... ich verstand immer mehr...

Und ich hoffe, noch viel mehr verstehen zu dürfen, doch manchmal gehören auch Zweifel dazu!
Jedes Mal wenn ich wieder schmerzgeplagt und mit Übelkeit in meinem Bett liege und mich frage, warum das alles so bescheiden läuft, spüre ich trotzdem, dass ER an meiner Seite ist!
Ich weiß woher ich komme und ich weiß wohin ich gehen werde und alles, was ich gelernt habe, werdet ihr, liebe Leserinnen und Leser, in meinen Texten finden!
Seitdem sich mir diese Tür aufgetan hat, habe ich Ruhe und Trost gefunden, mit der Erkrankung zu leben!
Und glauben Sie mir, es lässt sich trotz der Diagnose und all den Chemiecocktails wunderbar leben!
Nach nun fast 4 Jahren Dauertherapie mit teils intravenösen Medikamenten, Antikörpern, Hormontherapien ist jeder Tag, den ich kraftvoll beginnen darf, ein wahres Geschenk!

Mittlerweile reden wir von einer diffus durchmetastasierten Leber, mit Metastasen bis zu 8 cm Größe! Und mein Tumormarker steht nicht mehr bei 49 sondern bei über 1000!

Ich darf leben und das bei gutem Allgemeinzustand, wenn auch manchmal mit einigen Tiefen. Es kann halt nicht immer alles durchgehend gut verlaufen!

Wenn ich hier auf Erden abgerufen werde, gehe ich nach Hause.

Auf dieses letztes Abenteuer kann ich mich einlassen! Es wird übrigens auf alle Lebewesen irgendwann zukommen, egal ob krank oder gesund!

Der Unterschied besteht nur darin, wie man mit dieser Erkenntnis umgeht!

Was mich wirklich umtreibt und mir das Herz sehr schwer macht ist, meine Kinder vielleicht nicht ausreichend begleiten zu können...

Als Mutter habe ich das Gefühl, sie im Stich zu lassen! Aber ich darf darauf vertrauen, dass Gott sich ihrer annimmt!

Ich wünsche mir sehr, dass es allen Menschen in ihrer Not gelingen möge, sich himmlischen Beistand zu holen! Dazu braucht man sich nur auf die Suche zu begeben und diese ist das größte Abenteuer des Lebens!

Herzliche Grüße

Steffie

Hinweis:

80 Prozent des Verkaufserlöses dieses Buches gehen als Spende zu gleichen Teilen an den Niedersächsischen „Der Wünschewagen" und an das Hospiz Luise, dem Ambulanten Palliativdienst in Hannover.

Mit diesem spendenfinanzierten Ehrenamtsprojekt erfüllt der Arbeiter-Samariter-Bund Niedersachsen seit 2017 Wünsche todkranker Menschen und ermöglicht ihnen, noch einmal an einen letzten Lieblingsort zu gelangen.
Das möchte ich sehr gern unterstützen.

„Der Wünschewagen" Niedersachsen
c/o ASB Hannover
Petersstraße 1 – 2
30165 Hannover

Kontakt: Julia-Marie Meisenburg

Tel.   :   0 511 – 358 54 888
Email :   wuenschewagen@asb-hannover.de
Web   :   www.wuenschewagen.de

Hospiz Luise
Brakestraße 2 D
30559 Hannover
Sekretariat: Frau Gudrun Antoniewicz

Tel.: 0 511 – 52 48 76 30

Krankheit

20. September 2016
Ich bin krank und gucke hoffnungslos in meinen
Medizinschrank.
Doch der Arzt hat mit Erfahrung und Verstand erkannt,
welche Therapie ich brauche in dieser Lebensjauche.

Die Krebszellen haben schon gestreut, und ich habe es
bereut,
nicht besser auf meine Seele acht gegeben zu haben.
Dazu haben mir die Psychoonkologen was zu sagen.

Mit Zeit und Liebesmühe bauen sie mich wieder auf,
und das neue Leben als Krebspatient nimmt seinen Lauf.

Therapien, Gespräche und Medikamente
helfen zu überleben.
Was ist das für ein Segen!
Was kann ich für mich tun,
sollte ich mehr ruhen?
Sollte ich besser essen,
oder diese Ideen einfach vergessen?
Vielleicht mehr machen;
es gibt so viele tolle Sachen!

Etwas Wichtiges habe ich entdeckt.
Meine Hoffnung und mein Glaube wurden geweckt.
Ich bin nicht mehr alleine mit meinen Nöten und Sorgen,
fühle mich beim himmlischen Vater geborgen.

Zu Jesus darf ich alles bringen,
und kann als Dank Loblieder singen.
Meine Erlebnisse mit IHM muss ich weitersagen,
damit auch Andere nicht verzagen!

Es rührt mich an, an Gott zu denken,
wird ER mir noch Lebenszeit auf Erden schenken?

ER wird es lenken, wie es mit mir weitergeht,
ob der Tod schon vor der Türe steht?
Ich darf vertrauen und auf IHN bauen!

Sollte ich von dieser Erde gehen,
werde ich den Himmel sehen.
Gottes Reich wird mein neues Zuhause sein.
Das wird bestimmt ganz fein!

Ich danke ALLEN hier auf Erden,
die sich Mühe gegeben haben und noch geben werden,
mein Leben mit der Krankheit gut zu gestalten.
Doch die Lebenszeit, die hat Gott zu verwalten!

Dezember 2019

Lachen

Der Tod steht vielleicht schon vor der Tür,
und ich kann nix dafür,
dass diese Vorstellung mich nicht fröhlich stimmt
und mir meine Unbeschwertheit nimmt.

Seit der Diagnose Krebs habe ich ein anderes Leben,
gerne würde ich dieses wieder zurückgeben.

Ich muss meinen Lebensweg jetzt
als chronisch Kranke beschreiten,
gelte als metastasiere Brustkrebspatientin und
musste diese Diagnose meiner Familie unterbreiten.

Das fiel mir besonders schwer,
meine Gedanken gaben nicht mehr viel Diplomatie her.
Ich bin getroffen und gefühlsmäßig abgesoffen.

Ich weiß nicht mehr genau,
wie ich die Nachricht überbrachte,
hoffte nur, dass ich dabei etwas lachte!
Ich weiß aber noch, wie ich uns gleichzeitig Mut machte
mit den Worten: „Ich schaff das schon!"
und das in einem hoffnungsvollen Ton!

Manchmal liege ich verzweifelt und
grübelnd in meinem Bett,
schaue in den Himmel und finde
das alles überhaupt nicht nett,
was mir so widerfährt und
was das Leben mir gewährt!

Trotzdem werde ich das Lachen nicht verlernen,
eher werde ich sterben!

13.Januar 2019

Der Alltagstraum

Mein Herz rutschte mir vor 3 Jahren und 8 Wochen
durch die Diagnose in die Hose.

Es ist Brustkrebs - aber keineswegs nur,
denn wie ich am 20.September 2016 erfuhr:
hatte er es sich in Lymphe und Leber
auch bequem gemacht,
und wer hätte das gedacht,
auch in den Knochen.
Mein Gott was habe ich verbrochen?

Muss ich jetzt sterben?
Danach sieht es aus.
Ich stehe vor des Lebens Scherben.
Es ist ein Graus!

Bin ich Weihnachten noch am Leben?
Es wäre ein Segen!

Ich frage mich: was ist wichtig im jetzigen Sein?
Sind es Luxus, Schmuck, Reisen oder Geld?
Nein, es gibt ein breites Feld an Dingen,
über die würde ich am liebsten ein Loblied singen!

Das Wichtigste ist der schnöde Alltag geworden,
mit all seinen Freuden, Tiefen und Sorgen.

Die Aufgabe, Kinder ins Leben zu begleiten,
die hat viele abwechslungsreiche Seiten.

Die Zeit muss sein. Die will ich noch haben,
denn die Kinder brauchen meine Muttergaben.

Durch die Alltagsorganisation lebe ich
ganz normal und strukturiert,
doch das Blut mir in den Adern gefriert,
wenn ich daran denke,
dass ich meinen Alltag dem Tode schenke.

Der Job ist gekündigt und die Rente da.
Die Kollegen machen weiter -
aber ohne mich.
Das versetzte mir am Anfang einen Stich.

Doch der Tag hat nur 24 Stunden
und wird nun überwunden mit Therapien.
Die kosten viel Zeit
und bringen auch noch Nebenwirkungsleid.

Der Mensch ist der Gewohnheit wohlgesonnen,
somit sind meine Träume nicht verronnen.
Sie stellen sich jetzt nur anders da,
und ich mache sie schneller wahr.

Es ist nun über 3 Jahre her,
und ich freue mich so sehr,
das dritte Weihnachten mit diesem Befund zu erleben.
Und es ist mein Bestreben,
noch oft den Tannenbaum zu schmücken.
Dieser Alltagstraum würde mich sehr beglücken!

November 2019

Ich habe was zu sagen

Ich habe was zu sagen und werde es jetzt wagen,
über meine Todesangst zu sprechen,
denn ich lasse mir meinen Lebenswillen
nicht durch die Krebsdiagnose brechen!

Es gibt viele Bücher -
geschrieben von Leidensgenossen.
Einige habe ich gelesen, und Tränen der Rührung
sind mir in die Augen geschossen!

Ob Krebs oder andere schwere Krankheitssachen,
die Todesangst kann einem das Leben schwer machen!

Aber…müssen wir nicht alle irgendwann gehen?
Auch die Gesunden werden den Tod erleben!

Keiner weiß, wann seine Zeit gekommen ist,
aus dem Leben zu scheiden,
doch als Kranker hat man zusätzlich noch
Therapienebenwirkungen zu erleiden!

Trotzdem sitzen alle Lebewesen in einem Boot,
und nur wir Menschen haben Not zu sterben,
und ich möchte für folgende Problemlösung werben…:

Meine Freundin und die Psychoonkologin hatten mir
nach Diagnosestellung den Satz gesagt:
„Wir alle müssen irgendwann gehen,
doch bis dahin sollten wir
nach dem Leben streben!"

Mit diesem Satz wurde ich gut beraten,
und es folgten danach auch Taten!
Das ging natürlich nicht von Heute auf Morgen,
denn ich hatte viele Sorgen!

Wer trägt mit mir diese Sorgen?
Was wird aus meinen Kindern?
Wie oft gibt es noch ein Morgen?

Manchmal begegnen wir Menschen,
die eine Lösung für sich gefunden haben!

Sie haben selbst viele Dramen erlebt, ohne zu verzagen!
Vielleicht kann ich mit ihren Strategien etwas anfangen,
um auch für mich Frieden zu erlangen!

12. Januar 2020

Leben heißt lieben

Lieben ist Leben, was kann es Schöneres geben…

Es gibt die Mutterliebe,
die Partnerliebe,
die Elternliebe,
die Geschwisterliebe,
die Freundesliebe.

Und die Christusliebe ist nicht zu vergessen.
Davon sei besessen!
Diese Liebe wird bedingungslos verteilt,
und für alle Menschen die sie ereilt,
bringt sie Freude und Segen auf all ihren Wegen.

Mit IHR trägt man weniger Ballast durch sein Leben.
Danach sollten alle streben!

Finden wirst du den Frieden nicht auf dieser Welt,
auch wenn Vieles dein Gemüt erhellt.

Finden wirst du die Liebe, die du suchst,
nicht bei deinesgleichen,
auch wenn Menschen dein Herz erreichen.

Finden wirst du diese Liebe
nur bei unserem Himmlischen Vater,
der dich gemacht, an dich gedacht
und über dich wacht.

Menschen kommen und Menschen gehen,
Wege kreuzen sich im Leben,
einige Menschen bleiben, andere müssen weiter gehen.
Einige wirst du lieben, mit anderen wirst du lachen,
mehrere werden dir weniger Freude machen.

Gut tust du daran,
allen Menschen mit Liebe und
Freundlichkeit zu begegnen,
dann wird Gott dich segnen.

Wenn Jesus dich aufnimmt,
ist dein Leben endlich von tiefem Frieden
und seiner Liebe bestimmt,
die auf Erden unerreichbar ist
und die unser Herz vermisst.

Das nicht zu erfahren,
davor möchte ich dich bewahren!
Lade Jesus zu Lebzeiten ein,
Herr deines Lebens zu sein.

Du wirst sehen, diese Einladung macht frei.
Bitte IHN herbei.

Du darfst an IHN denken,
ER wird deine Gedanken lenken.
In Freude oder Not wird ER dich behüten,
bis zum körperlichen Tod.
Dann wirst du mit IHM weiterleben,
in des Vaters Reich,
danach gilt es mit Liebe zu streben!

Dezember 2019

Wünsche

Ich wünsche mir für uns…

*…genug Ausdauer, das Unveränderliche
mit Geduld und Gelassenheit zu leben!*

*…die Gabe der Sichtveränderung,
im Unerwünschten das Gute zu sehen!*

*…möge das Leben viel Liebe und Zuversicht bringen,
die wir weitergeben dürfen!*

31. Dezember 2019

Die Aufklärung

Ich frage mich schon, was hat es auf sich
mit Gottes Sohn?
Wie hängt das alles zusammen? Und es ist ein
Unterfangen, die Antwort zu entdecken, und auf der
Suche danach, den Glauben zu wecken.

Der Schöpfer hat die Welt und uns erschaffen,
das kann unser Verstand gar nicht raffen,
um in Liebe und Gemeinschaft mit uns zu leben,
dafür gab er seinen Segen.

Doch der Mensch war schon immer
eigen und undankbar,
machte was er wollte, und es geschah,
dass er gegen Gottes EINE Regel verstieß,
und die Verantwortung dafür,
dem jeweils Anderem überließ.

Gott konnte durch des Menschen Vergehen nicht mehr
im Paradies mit ihm zusammenleben, aber es war
trotzdem sein Bestreben, hier auf Erden mit uns
zusammen zu sein, das ist mehr Gnade als gemein.

Der freie Wille, den wir bekamen und uns auch nahmen,
so zu leben, wie wir es wollen,
führte oft zu Gottes Grollen.

Wir Menschen tun uns damit nichts Gutes an,
denn wir sind besser dran,
nach Gottes liebevollen Regeln zu leben,
statt nach egoistischer Freiheit zu streben.
Nur so kann er uns behüten und beschützen,
und das wird der ganzen Schöpfung nützen.

Gott kam durch Jesus als Mensch auf die Welt,
lebte als König der Juden nicht im Palast,
sondern eher im Zelt.
Er erlebte Sorge, Freude, Schmerz,
und hatte das liebevollste und reinste Herz,
was die Menschheit je gesehen.
Durch IHN dürfen wir Wunder erleben.

Gott wollte durch Jesus ALLE Menschen
mit sich versöhnen.
Doch er ließ sich von ihnen verhöhnen
und musste den Kreuzestod grausam sterben,
damit wir lernen, dass wir ihn suchen sollen,
wenn wir Wunder wollen.

Drum schaue im HIER und JETZT genauer hin,
wie du lebst und mit welchem Sinn.

Suche Christus in deinem Herzen,
dann kann dich die Not des Lebens und
der Tod auf Erden
nicht mehr so sehr schmerzen.

Dezember 2019

Geschenke

Freude
...ist ein Geschenk, wenn Gott liebevoll lenkt!

Gnade
...ist die Güte mit der Gott Fehler verzeiht,
wenn man sie IHM vorträgt,
also mach dich bereit!

Hoffnung
...ist die Zuversicht, wenn Gott in deiner Not spricht!

Liebe
...ist das Gefühl der Zuneigung.
Die Gottesliebe ist die Steigerung
der Bedingungslosigkeit.
Gott will mit dir in Beziehung stehen –
bis in die Unendlichkeit!

Glaube
...zu glauben ist jedem selbst überlassen,
Gott wird dich bei Unglauben nicht hassen,
sondern dich deinen Weg gehen lassen.
Doch IHN zu verlassen, wird IHN schmerzen
in seinem Vaterherzen!

Vergebung

...ist die Erhebung über Wut,
Enttäuschung und Zorn,
wo im Herzen sitzt ein Dorn.
Durch Vergebung wird das Herz wieder rein und
Hoffnung und Liebe kehren ein!

12. Dezember 2019

Die Entdeckung

Was hat es mit dem Jesusglauben auf sich,
es geht mir gegen den Strich,
Sonntagfrüh aufzustehen, um den Pastor
in der Kirche zu sehen.

Viele Menschen sehe ich dort nicht mehr,
und es wundert mich sehr,
dass die Treuen nach außen
auch nicht anders leben als ich,
doch sie scheinen im Reinen zu sein mit sich.

Jede Situation die kommt, nehmen sie gelassen,
ohne sie zu hassen.
Für jede schlechte Nachricht
nehmen sie Gott in die Pflicht,
und das erhellt ihr Gesicht.

Sie glauben, dass Jesus
sich um ihre Probleme kümmern wird,
wie ein Beschützer und ein Hirt`.

Bevor ich auch ja sage, habe ich noch eine Frage…
Wird er auch mich beschützen,
was soll mir der Glaube nützen,

wenn ich nicht fehlerfrei bin,
doch darin liegt ja gerade der Sinn!
Gott ist für alle Menschen da,
so wie Jesus es vor 2020 Jahren war.

Ich danke für diese Erkenntnis lieber Vater,
und auch mit dem fiesesten Muskelkater,
stehe ich jetzt am Sonntagmorgen früher auf,
um in den Gottesdienst zu gehen,
um dort den Pastor predigen zu sehen,
denn ich möchte auch nach Gottvertrauen streben
und ein Lächeln in meinem Gesicht sehen.

17. Dezember 2019 im CT Wartebereich

Glaubensschwestern

Gleichzeitig eine Schwester und eine Freundin zu haben,
das kann nicht jeder von sich sagen.

Christus Liebe führte uns zusammen,
und wir sind gemeinsam den Glaubensweg gegangen.

Viele Fragen kamen auf,
durch die Bibel beantwortete sie diese,
in meiner Glaubenskrise,
und die Beziehung nahm ihren Lauf.

Vieles lernte ich von ihr und später dann von ihnen,
das brachte meiner Seele Frieden.

Wenn ich in die KfH Gemeinde gehe und sehe,
wie liebevoll dort alle miteinander sind,
wünschte ich mir,
so richtig dazuzugehören,
da können die 70 km Entfernung
nur unerheblich stören.

Ich freue mich, mit der Gemeinde an Gott zu denken,
und IHM in Gemeinschaft Dank,
Lob und Liebe zu schenken.

Ich brauche täglich einen Schluck Gottesglauben,
um zufrieden und hoffnungsvoll
in die Zukunft zu schauen.

Das haben meine Glaubensschwestern mir beigebracht,
und Gott hat es gemacht,
dass ich sie kenngelernt habe
in meiner besonderen Lebenslage.

Ich danke unserem Vater dafür,
ER hat immer ein gutes Gespür,
den richtigen Weg für uns vorzubereiten,
den wir dann mit seiner Hilfe beschreiten.
Wir tun gut daran, auf IHN zu hören,
so wird nichts unsere Beziehung stören.
Durch IHN gehen wir in Gemeinschaft und gut beschützt,
was uns nützt,
durch das von Gott geschenkte Leben,
es kann nichts Wertvolleres geben,
was für ein Segen!

22. Dezember 2019

Verzweifelt hinauf

Ich weiß nicht mehr ein noch aus. Es ist ein Graus!
Die Therapie scheint nur teilweise anzuschlagen,
das hatte mir heute der Radiologe zu sagen.

Morgen werde ich wissen, wie es weiter geht,
und wie der Onkologe dazu steht.

Wurden meine Gebete nicht erhört?
Warum wurden die Krebszellen nicht zerstört?
Ich habe nichts falsch gemacht
und immer an Gott gedacht.

Wie kann das sein, hat Jesus mich vergessen,
oder bin ich jetzt vom Teufel besessen?

Ich werde nicht aufgeben, den Vater zu bitten,
mich weiter zu unterstützen mit schnellen Schritten.
ER ist der einzige Halt, den ich habe
in der jetzigen Lebenslage.

Ich schöpfe aus IHM Hoffnung,
ich schöpfe aus IHM Kraft,
fühle mich trotzdem wie unschuldig in Haft.
Ich kann nichts tun, außer im Glauben zu ruhen.

Die Erde dreht sich weiter, und ich steige ein Stück
weiter auf der Himmelsleiter!

17. Dezember 2019

Das Talent

Ich habe ein Talent entdeckt,
die Lebensumstände haben es geweckt.
Meine Geschichte nicht nüchtern aufzuschreiben,
denn sie würde nicht in den Gedanken der Leser bleiben.

Was hilft bei Krankheit und bei Leid?
Ausschließlich liebevolle Fürsorge,
mit dem Blick auf das Leben in Herrlichkeit.

Der Krebs ist da, es scheint nicht wahr,
Metastasen gibt es auch, nix was man braucht.
Was soll ich nun tun,
nur in Gottvertrauen ruhen?
Wird ER es richten und
meine schlechten Gedanken lichten?

Ich habe Wut, ich habe Zorn,
was ist bloß aus meinem Herzen geworden?
Diese Krankheit will mich um mein Leben bringen,
und ich muss um meinen Glauben ringen!

Die Chemo fließt durch meinen Körper,
und ich finde nicht viele Wörter,
was ich gerade fühle in dieser Therapiemühle.

Die Frage: „Warum ich?" versetzt mir einen Stich.
„Was habe ich verbrochen?
Ich habe den Schwefel der Hölle gerochen.
Da will ich überhaupt nicht hin.
Das ergibt auch keinen Sinn,
denn ich will leben und nach der Herrlichkeit streben".
Ich frage mich, wie gehen Andere
mit der Todesangst um?
Für Viele ist die Zeit schon rum.
Einige Menschen habe ich sterben sehen.
Was hilft da Jammern oder Flehen?

Oder die, die schon auf dem Sterbebett liegen,
hoffen die immer noch auf's Siegen?
Ich habe Glück, ich darf noch leben,
denn es ist mein Bestreben,
meine Kinder noch aufwachsen zu sehen.

Vielleicht sollte ich beten oder lieber das Unkraut jäten,
welches lange schon in meiner Seele gewachsen ist,
bevor sich der Krebs weiter durch meinen Körper frisst?

Ich darf noch lieben, ich darf noch lachen,
lasse es im Leben noch mal richtig krachen.
Ich möchte nichts verpassen,
oder sollte ich das lieber lassen?

Ich brauche Hilfe, ich brauche Rat,
was ist hier die beste Tat?
Wer gibt mir Antwort auf all diese Fragen
in diesen besonderen Lebenslagen?

Egal ob Krankheit oder andere Not -
wenden wir uns Gott zu, bringt ER alles ins Lot!

Die geistige Einstellung verändert ER,
und ich bin kein Opfer mehr,
dafür liebe ich IHN sehr!

Den Situationen nicht alleine ausgeliefert zu sein,
mich mit dem Retter zu vereinen, kann befreien.

Gemeinsam dem Übel entgegen zu stehen,
und ich darf sehen,
wie SEIN Schutz mich abschirmt von der Macht,
die den Krebs hervorgebracht!

Mein Geist darf entspannen, mein Körper ruhen,
Gott will mir nur Gutes tun!

November 2019

Die Klage

Ich klage und frage, warum lässt dieser Gott das alles zu?
Krankheit-Hunger-Krieg-Verfolgung.
ER könnte alles beenden und das im Nu!

Vertrauen, dass alles zum Besten ist,
während der Krebs sich durch meinen Körper frisst?
Das soll ich glauben und mit diesem Glauben schauen?

Großes darf der Gläubige erleben,
der Glaube muss aber auch nach außen streben.
Manchmal passieren auch ungute Sachen,
die sollen mich noch gläubiger machen.

Durch tiefe Täler und triste Tage trägt Gott mich,
sein Wille geschehe, so dass es jeder sehe.

Ich habe es geschafft, darf leben durch seine Kraft und
durch sein Versprechen.
Kann ich mit der Klage brechen?

Mit seiner Fürsorge berührt ER mich sehr,
und es fällt mir gar nicht schwer,
IHN zu lieben und das Böse auszusieben.

Ich danke für das was DU mir Gutes getan,
trotz Chemo habe ich Elan.
Ich selbst erkenne Veränderungen an mir,
und wem verdanke ich sie?
DIR!

November 2019

Mutlos? Kopf hoch!

Ich schlage die Augen nieder,
da ist das Gefühl schon wieder,
heute Fehler gemacht zu haben,
ach ich könnte einfach nur verzagen!

Dabei sollte ich doch langsam alles wissen,
und ich weine in mein Kissen,
weil ich mich schäme
und mich fürchte vor der Häme.

Mensch zu sein ist schon ziemlich schwer,
Christ zu sein umso mehr.
Wir sollen leuchtende Vorbilder sein,
doch ich bin mehr Schein als Sein.

Schon wieder habe ich mich ertappt,
meinen Mund zu weit aufgemacht.
Es ist nicht gut, schnell mit Worten zu sein,
denn diese fressen sich in des anderen Seele hinein.

Ich sollte mit dem Herzen sprechen,
dann werden Worte sich nicht rächen.
Bitte ich um Gottes Agieren,
wird ER sich mit meinem Anliegen versieren.

Zum Weitergeben fallen mir jetzt weise Worte ein –
das wird Gottes Stimme sein.
Diese Stimme bringt Liebe und keine Hiebe.

Bin ich töricht und gemein,
möchte ich doch so gar nicht sein.
Bitte ich Jesus um liebevollen Rat,
und was folgt, ist eine gute Tat.
Ich darf um Vergebung fragen,
und Jesus wird freudig „ JA" zu mir sagen.

Morgen will ich es besser machen,
dieses Mal in anderen Sachen.
Und sollte es nicht gut laufen,
werfe ich mein Vorhaben nicht gleich über den Haufen,
sondern bitte unseren Vater um Weisheit und Mut,
damit man auch mit Worten etwas Gutes tut.

15. Dezember 2019

Schämen

Ich schäme mich, das hat auch etwas für sich,
denn diese Erkenntnis zeigt mir an,
dass ich mein bisheriges
Denken und Handeln ändern kann...

Ich könnte auch darüber hinweg sehen,
dann wird mein Leben wie gewohnt weiter gehen.

Vielleicht ist das der einfachste Weg,
doch ein lieber Mensch,
der sich meine Freundin nennt,
und mich gut kennt,
sagt mir die Wahrheit,
und das bringt die Klarheit,
dass Selbstbetrug nicht glücklich macht,
dieser lässt uns bleiben im dunklen Schacht.

Glücklich macht nur liebevolle Ehrlichkeit,
und ich mache mich bereit,
mich zu schämen für mein bisheriges Denken.
Alles Andere wird Gott lenken.

Ich danke meiner Freundin für ihre ehrliche Liebe.
Durch sie feiere ich seit 23 Jahren Veränderungssiege,
und gebe ihr hiermit etwas wieder,
denn der schwierige Weg ist mir lieber!

22. Dezember 2019

Die Unterordnung

Es gibt Regeln, es gibt Pflichten,
es gibt unterschiedliche Ansichten.

Für die Einen ist individuelle Entfaltung erstrebenswert,
die wird verteidigt, zur Not mit dem Schwert.

Grenzen Anderer werden verschoben,
Gerechtigkeit damit aufgehoben.

Für die Anderen ist Unterordnung das Lebensmodell.
Unterordnung bedeutet Verzicht,
aber die bringt bei Gott nur Freude ans Licht.
Nicht zu tun und zu lassen, was man will,
bringt Gemeinschaft mit Gott
und dein Herz wird ganz still.

12. Dezember 2019

Umstände

Der Umstand ist der Bestimmer des Geschehens,.
Doch wir sind mächtig des Sehens,
was der Umstand mit uns machen kann,
und ich lasse nichts Schlechtes mehr
an meine Seele heran!

Egal welche Umstände uns im Leben begegnen,
es klingt unmöglich, aber wir können sie segnen!
Mit einem anderen Blick auf die Geschehnisse schauen,
und mit der Erkenntnis auf Gott bauen!

Unser himmlischer Vater wird alles
zu unserem Besten machen.
Wir müssen das nur erkennen
und dürfen uns nicht im Negativen verrennen!

Was soll das denn bitte heißen?
Mit meiner Wut und Trauer würde ich am liebsten
auf die Umstände („scheißen")!!!
Krebs, Tod und Verlust soll zu unserm Besten sein?

N E I N !!!

Da gehe ich nicht mit, doch ich wage den ersten Schritt,

mich zu sammeln und Gott zu bitten,
mich zu sehen in meiner Not,
die mir bringt den Krebstod!

Irgendetwas verändert sich,
die Diagnose bleibt zwar bestehen,
doch ich kann fühlen und sehen,
wie ich Trost erhalte und nun mein Denken umgestalte!

Ich stehe den unerwünschten Umständen
nicht mehr machtlos gegenüber,
und schaffe es hinüber in die Positivität,
wo Gott mich einlädt,
die Umstände auch mit seinen Augen zu sehen!

Ich bin so dankbar, möge es alle Menschen mit ihren
Umständen genauso geschehen!

10. Januar 2020

Schräg

Klingt schräg, aber ich danke mittlerweile meinem Krebs.
Für das, was er aus mir gemacht
und was durch ihn hervorgebracht.

Ohne ihn wäre alles weiter so gegangen.
Ich fühlte mich oft wie in einem Hamsterrad gefangen!

Die Krankheit rüttelte mich wach,
denn auf einmal hatte ich echte Nöte und Sorgen
und fühlte mich überhaupt nirgends mehr geborgen.
Mein Leben war bedroht,
und ich hatte es niemals vorher gelobt.

Die Sicht auf das Sein veränderte sich,
und ich veränderte mich.
Mit der Todesangst im Nacken
konnte ich das Leben besser packen.
Gezielter Leben, nach WICHTIGEM,
wie Friede und Liebe streben,
das wurde mir ins Herz gegeben!

Die Sonne genießen,
nicht mehr verbal auf Andere schießen,
zu versuchen, mit liebevollem Auge auf alles zu blicken,
und Gott Dankesgebete zu schicken.

Selbst ein Regentag lässt mich heute lächeln,
denn dann darf ich undiszipliniert mal schwächeln.
Der Tag im Bett mit einem Film oder Buch
ist mir dann einfach genug.

Die Lebensqualität hat durch inneren Frieden
zugenommen,
die Quantität im Tun ist zerronnen.
Danke für diesen Wandel im Denken!
Diese Erkenntnis wird mir wahre Lebenszeit schenken.

Egal wie lang die Zeit ist, die ich noch habe,
ich stelle den Sinn des Lebens nicht mehr in Frage.

Niemand weiß, wie viel Zeit im Leben noch bleibt.
Mach dich am besten sofort bereit, die Zeit zu genießen
und lass deine Lebensfreude sprießen.

31. Dezember 2019

Die Neuausrichtung

Ich muss mich dringend regulieren,
am besten mit positiven Gedankenspielen.

Wer oder was ist schuld, dass ich krank geworden bin?
Hat die Krebserkrankung einen Sinn?

Ich brauche einen Grund für dieses Geschehen,
dann kann ich besser in die Zukunft sehen,
stehe der Krebsdiagnose nicht mehr
machtlos gegenüber,
und die Lebenskrise geht hoffentlich
schnell vorüber!

Ich will die Kontrolle über mein Leben zurück,
und ich habe das Glück,
für mich eine Lösung gefunden zu haben
und brauche nicht mehr so viel klagen!

Jeder Betroffene hat seine eigene Krankheitstheorie,
und die ist wichtig,
um seelisch überleben zu können,
und zwar individuell richtig!

Sie weist oft auf ungelöste Lebensprobleme hin.
Diese Erkenntnis macht für mich Sinn!

WARUM - Fragen, wie: „Warum ich"
lassen in die Vergangenheit blicken,
doch ich will positive Gedanken in die Zukunft schicken!

Die Neuausrichtung hat das Fragewort „WOZU"...!
Schon verändert sich was – im Nu!

Wozu dient mir diese Krankheitssituation,
was kann ich tun?
Ich begucke meine Sorgen
und blicke zuversichtlicher auf morgen!

Als Krebspatient muss ich mich neu entdecken
und die Lebensgeister erwecken!

Ein Rückblick bringt oft Trauer oder Wut, die
Neuausrichtung dafür Lebensmut,
die Umstände anzupacken.
Lass diesen Gedanken mal sacken!

Das ist das Leben und DU bist dabei.
Die persönliche Neuausrichtung macht frei!

Januar 2020

Die Lehre

Lehre uns zu bedenken, dass wir sterben.
Das ist des Menschen Verderben
und die Konsequenz des Unglaubens,
doch wir können mit einem
liebevollen Herzen auf Gott schauen.

Da ist die Klugheit, die wir im Glauben erlangen
und sind somit nicht mehr
im weltlichen Denken gefangen.

Jesus rettete uns vor dem ewigen Tod durch seine Liebe
und nicht durch geführte Kriege.
Wir sollen es genauso tun und nicht im Egoismus ruhen.

Liebe deinen Nächsten, das steckt an,
so dass sich auf der Welt viel verändern kann.
Es ist vielleicht das schwierigste Gebot,
was wir einhalten sollen.
Doch es ist das einzig Wahre, wenn wir wollen,
dass alle Menschen mit sich
und der Natur im Einklang leben.
Das sollte sein jedermanns Bestreben.

Wir sind Menschen, und es fällt uns schwer,
dieses Gebot zu halten.
Doch können wir unser Leben so gestalten,
dass wir um Gottes Unterstützung bitten
und auf IHN bauen,
damit wir gemeinsam in eine gute Zukunft schauen.

28. Dezember 2019

Freundin

Eine wirkliche Freundin zu haben erfüllt den Sinn,
mit dem auserwählten Menschen
in herzlicher Verbindung zu stehen
und in engster Vertrautheit miteinander
den Lebensweg zu gehen…

In Krisenzeiten ist sie da und immer ansprechbar!
Dafür stellt sie alles Andere hinten an,
damit sie mit ihrer Anwesenheit wirken kann.

Es ist gut, eine beste Freundin zu haben,
und es wird Zeit, ihr mal DANKE zu sagen!

11. Januar 2020

Finden

Warum widerfährt mir diese Krebssache?
Dass ist doch eine ganz große Mache.
Wo ist Gott und heilt mich,
oder lässt ER mich im Stich?

So einfach ist das nicht…
Gott ist immer da, genauso wie ER es immer war.
Oft wird ER von den Menschen einfach vergessen,
denn wir sind darauf versessen,
dass unser Leben reibungslos verläuft
und sich nichts Negatives anhäuft.

Kommt es anders als wir denken,
sind wir enttäuscht und würden unser Leben
am liebsten verschenken.
Wir schieben die Verantwortung gerne auf Gott,
der soll es für uns lenken.

Das Vorhaben kann nur gelingen,
wenn wir mit offenem Herzen um IHN ringen,
in Liebe und Demut zu IHM gehen,
als nur Bestellungen aufzugeben.

Wir müssen IHN suchen
und ein Leben mit IHM buchen,
Jesus in unser Herz einladen,
das muss sein und kann nicht schaden.

Gott kann meine Angst verwahren
und mich durch das Elend tragen.
ER kennt all diese Angst- und Sorgengefühle,
durch Christus war ER selbst
in dieser verzwickten Gedankenmühle.

Niemals möchte ich dieses
Zugehörigkeitsgefühl mehr missen,
und Tränen der Dankbarkeit fallen auf mein Kissen,
wenn ich seine Liebe spüre in meinem Herz,
das verursacht Wohlfühlschmerz.

26. Dezember 2019

Lebenszeit

Die geänderte Sichtweise, welche ich mir erarbeitet habe,
tut gut in der Krankheitslage und es wäre schade,
wenn ich meine Erfahrung nicht weiter gebe
und die Erkenntnis nur für mich alleine lebe!

Egal was uns im Leben widerfährt,
und uns das Leben
ungewünscht beschert,
eine Lösung wird dir nie verwehrt!
Nimm alles an und ändere dein Denken.
Das Ergebnis kann Frieden schenken!

Ein Leben währt - wenn`s gut läuft 80 Jahre,
und es stellt sich die große Frage,
was fange ich an mit dieser Zeit?

Krankheit bietet uns die Möglichkeit,
uns schneller für das Wichtige
zu entscheiden und nicht darüber zu weinen,
dass wir vielleicht weniger Zeit im Leben haben.
Wegen der Zeit sollten wir nicht verzagen!

Wir können unsere Träume
auch in einem kürzeren Leben
intensiv gestalten.
Durch Zeitdruck lässt sich das
Hier und Jetzt komprimierter verwalten!

Wir dürfen die kostbare Zeit nicht mit WARUM - Fragen,
Lethargie und Bitterkeit verschenken,
die vielleicht verkürzte Zeit
sollte uns verändern im Denken.

Viele alt gewordene Menschen blicken
auf dem Sterbebett traurig zurück,
und sind über ihre lange Lebenszeit gar nicht beglückt!

Gerne hätten sie intensiver gelebt,
damit ihre Seele zufriedener in den Himmel schwebt!

Wir Menschen wollen glauben,
dass unsere Zeit währt hier ewig,
dabei verringert sie sich stetig!

Durch eine schlimme Krankheit bekommt Lebenszeit
eine neue Bedeutung,
und es ist wie eine Häutung der Gedankenwelt,
durch welche die Weisheit schnellt!

Auf das Ende der Lebenszeit
sollte sich jeder vorbereiten,
um zufrieden und Hand in Hand mit Jesus
durch die Himmelstür zu schreiten!

Bedingungslose Liebe und ewiges Leben
werden wir dort erhalten,
und dürfen das Himmelreich mitgestalten!

Mensch, habe keine Angst vor dem Tod,
ohne ihn hätten wir lebenslange Not!

Er meint es gut und bringt Bewegung in unser Leben,
so könnte man es ja auch mal sehen!

Ein veränderter Blick tut gut und macht Mut,
auf den Tod zu schauen,
um den bisherigen Lebensweg
mit der neuen Perspektive umzubauen!

11. Januar 2020

Der Glaubenskurs

Nichts hat Bestand auf dieser Welt!

ALLES kommt und ALLES geht!
WIR kommen und WIR gehen!

Und was dazwischen passiert, das nennen wir Leben.
Das wurde uns von unseren Eltern gegeben,
so wird's uns beigebracht.
Darüber hat Gott bestimmt herzhaft gelacht.

Die Evolutionstheorie gefiel mir nie.
Sie ist eine Erklärung für unsere Daseinsfrage,
aber ich habe
andere Gedanken in meiner Krankheitslage.

Wir können das geschenkte Leben frei gestalten,
aber die Lebenszeit hat Gott zu verwalten.
Was mache ich mit dieser Zeit?
Bin ich schlau, bereite ich mich vor auf die Ewigkeit.

Jedem wurde eine Gabe und eine Bestimmung
mit auf den Lebensweg gegeben,
diese gilt es herauszufinden
und zu nutzen in diesem Leben.

Irgendwas muss nach dem Tode kommen,
sonst wäre die Lebensmühe mit all ihren Erfahrungen
auf ewig zerronnen.

Das kann nicht im Sinne des Erfinders sein,
dazu schaue ich in die Bibel hinein.
Da steht alles geschrieben.
Und wir dürfen sie nutzen,
um zur Liebe, zur Weisheit,
zum Licht zu gelangen,
und bleiben nicht unwissend
in der Dunkelheit gefangen.

Alles was ich habe, alles was ich bin,
deutet auf einen Schöpfer hin.
Nennen wir ihn Gott oder himmlischer Vater,
der jeden von uns liebt,
der uns Trost und Schutz
in schmerzvollen Zeiten gibt.

In guten Zeiten redet man kaum von IHM,
da läuft ja alles gut,
und wir brauchen keinen Mut.

Wir weisen IHN ab, manche Menschen sogar bis ins Grab.
Dort werden sie bleiben, ohne Hoffnung auf ein
Wiedersehen mit den Menschen,
die sie liebten und mit denen sie lachten.

Ich glaube an die Liebe und Treue
des himmlischen Vaters,
an seine Fürsorge, mich gut begleitet zu haben,
und das in allen Lebenslagen.

Ich glaube an die herrliche Zeit in der Ewigkeit,
ohne Negativität und Leid.

Den Sinn unseres Daseins erkennt mein Geist,
das ewige Leben wird uns von Gott verheißt,
wenn der Tod beginnt,
ist die Lernzeit auf Erden verrinnt.

Jesus ist für uns bewusst am Kreuz gestorben,
und hat sein gesamtes Leben für Gott geworben.

Jeder kann nach dem Tod das ewige Leben erhalten,
was muss man dafür tun - sein Leben umgestalten?

Nein, wir brauchen nur den Glauben an Gottes Sohn,
den wir Menschen überschüttet haben mit Hohn,
der auf unsere Welt gesandt,
(damit hat Gott sich an uns gewandt),
um uns mit IHM zu versöhnen, und ER
ließ sich von den Menschen bis zuletzt verhöhnen.

Gott hat sich in Gestalt seines Sohnes
ganz klein gemacht,
und wer hätte das gedacht,
ER ist vom Himmel auf die Erde gekommen,
um sich zu zeigen,
doch Viele haben es nicht vernommen.

Nichts hat Bestand auf dieser Welt,
schon gar nicht das von Menschen geliebte Geld.
Auch Ruhm und Macht haben ihren Preis,
und wie ich aus der Bibel weiß,
tun sich Reiche und Mächtige besonders schwer,
denn sie geben ihre Stellung
und ihr Vermögen oft ungern her.

Aber auch sie müssen leer und klein
durch die Himmelstür schreiten,
doch vorher können sie sich selbst eine Freude bereiten.
Wenn sie zu Lebzeiten all Ruhm, Geld und Macht,
für gute Zwecke beigebracht.

Und auch der Arme ist bedacht,
der nicht viel geben kann,
er wird von vielen verlacht.
Jedoch kommt es auf die Güte im Herzen an,
und das steht dem Materiellen immer voran.

Wir haben die Wahl, Gutes zu tun,
zu glauben und zu lieben,
um uns am Ende in Gottes Sicherheit zu wiegen.

Das ist nicht immer leicht, weil wir menschlich sind,
aber unser Schicksal ist nicht vorbestimmt.

Uns werden im Glauben an Christus in Gott
alle Fehler vergeben,
und wir dürfen mit IHM weiterleben.

ER baut uns Wohnungen, nimmt uns in Empfang,
tröstet und zeigt auf, da geht es lang.

Hab' keine Angst, sorge dich nicht,
denn ER sieht es als seine Pflicht,
uns aufzunehmen mit all unseren Fehlern und Macken,
dieses Geschenk anzunehmen.
Der Gedanke muss erst mal sacken.

Das steht im Evangelium, „der guten Nachricht",
und es ist meine Pflicht, dies weiterzugeben,
denn es ist eine hoffnungsvolle Sicht.

Zudem steht dort geschrieben,
du sollst auch deine Feinde lieben.
Vergebung ist ein großes Wort.
Doch die Tat nimmt alle schlechten Gefühle fort,
damit tiefer Friede in dir strömt,
und dein Herz, deinen Geist und deine Seele verwöhnt.

Der Wille Gottes darf bei jedem
gern an erster Stelle stehen,
und wir werden sehen,
dass das was ER für uns bestimmt,
uns alles gibt und uns nichts nimmt.

Lade Jesus in dein Leben ein,
und die Konsequenz wird sein,
dass du den besten Beschützer
und Berater an deiner Seite hast,
der dir nimmt jede Last.

Ich weiß wovon ich spreche,
da ich an der Krankheit nicht zerbreche.
Ich trotzdem frohen Mutes bin,
das deutet auf Jesus in meinem Herzen hin.

ALLES kommt, ALLES geht,
nur der Tod im Unglauben bleibt,
denn dieser hat Beständigkeit.

Das Geschriebene ist zum Hören und zum Lesen,
mögen diese Zeilen nicht ignoriert verwesen.
Gebt dies weiter, denn ein erfülltes Herz macht heiter!

Gottes Frieden soll in allen Menschen wohnen,
dafür wird alle Mühe sich lohnen.
Jedes Herz wird durch SEINEN Frieden weich und rein.
Das sollte unser Wille sein,
auch für diese, unsere Welt,
statt zu streben nach Reichtum, Macht und Geld.

Geschrieben habe ich diese Zeilen
in Gedanken an meine Kinder,
doch Gottes Geist, war der Worte Erfinder.

LIEBE BIS IN DIE UNENDLICHKEIT

24. November 2019

Auf Ihrem ganz persönlichen Weg zur Verarbeitung der Diagnose wünsche ich Ihnen viel Kraft für eine positive Haltung, Zuversicht
und Durchhaltevermögen.
Aus meiner Erfahrung heraus durchläuft man von der Diagnosestellung bis zur Akzeptanz der neuen Umstände einige Phasen:

- Schockstarre

- Das Nicht-Wahrhaben-Wollen

- Wut, Trauer, Verzweiflung

- Kooperation und Akzeptanz

- Frieden

Mit herzlichen Grüßen und Gottes Segen...

Steffie

(geb. 07.05.1971, gest. 07.04.2020)

Glaube

Geborgenheit

Hoffnung

Schutz

Trost

Liebe

Zuversicht

Ankommen

Frieden

Erfüllung

Erkenntnis

Freude